NAVIGATION AÉRIENNE.

NOTICE EXPLICATIVE

DU

SYSTÈME PETIN

PAR

CH. DE CHABANNES.

S'il est dans le génie de l'homme de soumettre à sa puissance toutes les forces que la nature a mises à sa portée, il est dans sa destinée de voir croître indéfiniment cette puissance.—ÉD. MAREY-MONGE.

La découverte de l'hydrogène et la loi qui régit les rapports de croissance entre les surfaces de révolution et leurs volumes sont deux faits providentiellement appelés à convier l'humanité à de nouvelles destinées par la conquête de l'atmosphère.—PREMIÈRE PARTIE, page 8.

La fonction de l'*Aéronautique* sera de transporter les plus lourds fardeaux d'un point du globe à l'autre.—PETIN.

Prix : 50 centimes.

PARIS,
IMPRIMERIE DE PAUL DUPONT,
Rue de Grenelle-Saint-Honoré, 45.

1851

NAVIGATION AÉRIENNE.

NOTICE EXPLICATIVE

DU

SYSTÈME PETIN

PAR

CH. DE CHABANNES.

PARIS,
IMPRIMERIE DE PAUL DUPONT,
Rue de Grenelle-Saint-Honoré, 45.

1851

EXPLICATION DE LA PLANCHE.

La planche ci-contre représente :

Fig 1re. — L'élévation géométrale du navire aérien. — La flèche indique la direction de l'arrière à l'avant.

Fig 2e. — Une coupe horizontale.

Fig. 3e. — Une coupe verticale.

Détail :

Les lettres A B C (fig. 1re) indiquent les trois ballons composant l'appareil de suspension ou flotteur.

D, F, G, H, l'une des deux fermes qui forment les grands côtés du rectangle de l'appareil de direction, et dont l'intérieur, disposé en forme de galerie, permet aux hommes de manœuvre de circuler d'une extrémité de l'appareil à l'autre.

a b, c d, e f, g h, a' b', c' d', e' f', g' h', } les surfaces planes de direction, dites plans inclinés.

D, I, J, F, l'une des deux hélices et son pont de manœuvres ; ces hélices sont placées parallèlement, l'une à gauche et l'autre à droite de l'appareil de direction, entre les fermes qui forment ses grands côtés.

M, le mouvement d'une des machines à vapeur, placé sur l'un des côtés du pont de manœuvre des hélices, l'autre mouvemement se trouvant de l'autre côté de ce pont.

N, le générateur de l'une des deux machines, placé dans la galerie de la ferme D, F, G, H; l'autre générateur se trouvant dans la galerie de la ferme parallèle.

O, P, O, P, } deux entretoises reliant les deux fermes qui forment les grands côtés du rectangle de l'appareil de direction.

A MONSIEUR PETIN.

Mon cher Monsieur Petin,

Il a déjà été fait, au point de vue littéraire, bien des comptes rendus remarquables, de la manière dont vous envisagez la solution de la navigation aérienne et de l'appareil avec lequel vous allez l'expérimenter. — Un, surtout, dû à l'un de nos publicistes les plus justement aimés, M. Th. Gauthier, a eu un grand retentissement et a rendu votre système populaire.

Mais, au point de vue spécial de la science, il n'en a été encore publié aucune explication qui atteigne le double but, de se tenir exactement dans les données sur lesquelles vous vous appuyez et de ne pas cesser cependant d'être à la portée du plus grand nombre.

J'ai essayé de le faire dans cette notice, qui, d'ailleurs, a pris sa source dans mes conversations avec vous et dans les lectures qu'elles m'ont engagé à faire : notamment celle du très-estimable livre de M. Ed. Marey-Monge.

Permettez-moi, je vous prie, de vous la dédier, en témoignage de l'estime profonde et de la vive amitié que m'ont inspirés pour vous le dévouement aussi désintéressé qu'intelligent et la persévérance infatigable avec lesquels vous poursuivez, à travers tout un monde de difficultés, la recherche du plus puissant agent de bien-être universel.

Veuillez recevoir, mon cher Monsieur Petin, l'assurance nouvelle de mon inaltérable dévouement.

CH. DE CHABANNES.

Paris, le 7 août 1851.

INTRODUCTION.

S'il est dans le génie de l'homme de soumettre à sa puissance toutes les forces que la nature a mises à sa portée, il est dans sa destinée de voir croître indéfiniment cette puissance.—**Éd. Marey-Monge.**

La découverte de l'hydrogène et la loi qui régit les rapports de croissance entre les surfaces de révolution et leurs volumes sont deux faits providentiellement destinés à convier l'humanité à de nouvelles destinées par la conquête de l'atmosphère.—**Première partie, page 12.**

La fonction de l'*Aéronautique* sera de transporter les plus lourds fardeaux d'un point du globe à l'autre.—**Petin.**

Dès qu'on jette les yeux sur la matière dont cette notice renferme la substance, la première pensée qui s'offre d'abord à l'esprit est, naturellement, celle de se demander si la solution du problème de la navigation aérienne, si l'aéronautique est impossible.

Or, les recherches et les publications les plus remarquables, les études les plus laborieuses et les plus consciencieuses, qui déjà aient été faites sur cette matière, permettent, toutes, de répondre immédiatement que, si la science n'est pas encore parvenue à démontrer sa possibilité, elle n'a pas, non plus, démontré son impossibilité.

Bien plus, il est certain qu'à chaque pas fait, dans la contemplation de la nature, dans l'histoire des connaissances humaines, ou dans les révélations de la science, l'observateur rencontre une série de faits dont les plus saillants, loin d'établir l'impossibilité de la navigation aérienne, sembleraient au contraire en annoncer la possibilité.

D'un autre côté, si, jusqu'à ce jour, des essais et des tentatives multipliés de direction ont été faits, aucune expérience sérieuse n'a été, dans ce but, sinon entreprise, du moins conduite à fin.

Théoriquement et pratiquement, la carrière demeure donc ouverte, le champ libre; et puisqu'au XVIIIe siècle un jour est venu où un homme s'est immortalisé en affirmant et prouvant qu'il n'est pas refusé à l'homme de pouvoir s'élever dans les airs, ce que la science niait un siècle auparavant, n'est-on pas légitimement porté à espérer qu'il viendra de même un jour, peut-être très-prochain, où un autre homme fera, lui aussi, passer son nom à l'admiration des générations futures en affirmant et prouvant qu'on peut s'y diriger.

Quoi qu'il en soit, un essai de direction plus complet sous le rapport des moyens employés, plus sérieux sous le rapport des données scientifiques sur lesquelles il s'appuie, que tous ceux qui ont été tentés jusqu'à ce jour, va très-prochainement être expérimenté par un homme dont l'intelligence égale la persévérance et le dévouement.

Le système que présente M. Petin tend, en effet, à prouver qu'il est possible de parcourir toute distance entre deux points déterminés de l'atmosphère en s'appuyant à propos et dans de certaines conditions sur les couches d'air latérales, inférieures et supérieures à l'appareil dont il se servira.

Le but de cette notice est d'établir dans quelles conditions s'effectuera cette navigation aérienne et sur quelles données scientifiques elles sont fondées.

Ce travail est divisé en trois parties :

La première contient un exposé, à la fois aussi succinct et substantiel que possible, des principes et des lois, donnés par le calcul ou l'observation, sur lesquels s'appuie le système Petin;

La deuxième, la constitution et l'application de ce système, d'après les principes et les lois exposés dans la première partie;

Et la troisème, des considérations générales sur les questions qui se rattachent aux deux premières parties et à l'ensemble du système.

NAVIGATION AÉRIENNE.

SYSTÈME PETIN.

PREMIÈRE PARTIE.

Principes et lois sur lesquels s'appuie le système Petin.

Au XVIIIe siècle encore, époque par cela même devenue féconde, à côté de l'invention de Joseph Montgolfier, six ans avant, l'histoire du monde avait enregistré déjà la découverte de Henri Cavendish, et l'aérostation trouvait un précieux et puissant auxiliaire dans l'hydrogène dont la densité sans rivale, quatorze fois moins grande que celle de l'air, dix fois moins grande que celle de la vapeur d'eau, équivaut presque au vide, et conséquemment est appelé à remplir dans l'avenir de l'aéronautique, glorieux complément de l'aérostation, un rôle immense.

De son côté, pour guider les pas de ceux qui s'engagent dans la carrière aventureuse ouverte par l'étude de l'aéronautique, le calcul présente, comme principal jalon, l'inappréciable loi suivante :

Dans une sphère la surface croît comme le carré du rayon et le volume comme le cube de ce rayon.

De telle sorte qu'en augmentant de plus en plus le rayon, il arrive un moment où le cube croît si vite, par rapport au carré, que la surface s'annule pour ainsi dire devant le volume.

Si l'on considère maintenant, d'une part, que dans l'air, milieu ambiant dans lequel doit s'exercer la locomotion dont il est question, et par rapport aux appareils qu'elle doit employer, surface équivaut à résistance, et volume ou capacité à force ascensionnelle ou puissance : et d'autre part, que, par une autre loi, le calcul apprend encore que—*pour une surface sphérique mue dans l'air, la résistance est proportionnelle*, 1° *au carré du rayon*, 2° *au carré de la vitesse* (1); — on comprendra que la force ascensionnelle pourra, comme étant, elle, proportionnelle au cube de ce rayon, être amenée à une intensité relative telle, qu'elle mettra à même de vaincre toute résistance, constante ou variable, en lui adjoignant, au besoin, les forces motrices auxiliaires, vapeur ou autres, dont elle permettra de munir les appareils de direction (2).

De plus, que chaque capacité, volume ou ballon, soit une sphère, un ellipsoïde de révolution ou un cylindre terminé par deux cônes, les relations établies entre la croissance de la surface et celle du volume, par la première des deux lois qui précèdent, seront analogues.

Aussi, au point de vue de l'aéronautique, M. Petin et M. Marey-Monge considèrent-ils, l'un et l'autre, à juste titre, cette loi et la découverte de l'hydrogène, comme deux faits providentiellement appelés à conduire l'humanité à de nouvelles destinées, par la conquête de l'atmosphère.

Après nous avoir fait voir, qu'avec la force ascensionnelle et les auxiliaires qu'elle permettra de lui adjoindre, il sera toujours possible de vaincre les résistances, le calcul, comme si cela ne suffisait pas, nous apprend, de plus, par une troisième loi ainsi formulée : — *La résistance des fluides est proportionnelle à leur densité* (3), — qu'à volume égal, il sera bien plus facile de ré-

---

(1) Cette loi est due à Newton. Sa démonstration se trouve dans tous les ouvrages de physique et de mécanique.

(2) Si dans la formule de l'aérostat sphérique indiqué dans la *Physique* de Péclet, tome 1er, page 274,

$$P = \frac{4}{3}\pi R^3(d - d') - 4\pi R^2 p$$

on donne au rayon R une valeur de 50 mèt., on obtient la force ascensionnelle ou puissance de 600,500 kilogr. Si on lui donne une valeur de 100 mèt., on obtient l'énorme puissance de 4,917,000 kilogr.

(3) Cette loi est, comme la précédente, due à Newton.

sister aux plus grands vents qu'aux plus grandes vagues et que, dans l'air, une surface, plus grande qu'une autre dans la mer, résistera, avec une force de machine égale, aux plus grands vents comme l'autre aux plus grandes vagues.

On déduit aussi de l'observation, et on verra tout à l'heure quel parti M. Petin a su en tirer pour l'aéronautique et que c'est là l'âme de son système, qu'une surface plane, munie d'une force motrice agissant sur l'air, monte ou descend en progressant obliquement suivant l'angle que son avant fait avec la direction de la force motrice. — Ce fait repose sur le principe du plan incliné du cerf-volant, à l'exception que, lorsqu'il s'accomplit, le moteur agit sur l'air, au lieu que dans le cerf-volant c'est le vent qui, agissant sur une surface inclinée retenue par une corde, la fait monter.

Si le cerf-volant d'ailleurs était maintenu et tiré par la corde contre la direction du vent dans une inclinaison opposée, c'est-à-dire la partie supérieure de l'avant de sa surface faisant avec cette direction un angle obtus en place d'un angle aigu, au lieu de monter, descendrait obliquement : c'est ce qui souvent arrive un instant, quand le poids[2] de la queue n'étant pas assez lourd, il se retourne, la tête en bas, pour plonger vers la terre.

Les règles qui régissent les faits précédents sont déduites de l'observation, car la science n'a pas encore analysé les principes de la bonne marche des cerfs-volants pas plus que de celle des vaisseaux, de manière à les formuler en lois générales et, pour elle, ils sont encore à l'état de mystère.

Enfin, en météorologie, on admet généralement aujourd'hui la loi suivante :

Dans l'air, si deux régions voisines sont inégalement échauffées, il se produira, dans les couches supérieures, un vent allant de la région chaude à la région froide et, à la surface du sol, un courant contraire.

Cette loi, combinée avec celle de la direction des vents alisés et des moussons, à peu près connue, trace déjà les grandes routes, qu'en changeant à propos de hauteur, on pourra suivre, dans l'océan aérien, pour se rendre d'un point à un autre (1).

Là peuvent se borner ces notions préliminaires pour en appeler au besoin au témoignage de la science et de l'expérience, à propos de ce qu'il va être dit, sur la constitution et l'application de la machine de M. Petin, dans la deuxième partie.

Toutefois, il est bon d'observer aussi, en les terminant, qu'il résulte de diverses expériences aérostatiques faites jusqu'à ce jour, qu'un aérostat, avec un vent faible, peut cependant encore parcourir un espace horizontal d'environ 156 lieues par jour.

DEUXIÈME PARTIE.

Constitution et application du système Petin, d'après les principes et les lois qui précèdent.

Le navire aérien, *système Petin*, qui a été exposé rue Marbeuf, à l'atelier de montage, et dont l'essai est sur le point de se faire, se compose de deux parties distinctes :

L'une constitue l'appareil de suspension ou flotteur : elle est formée par trois ballons placés les uns derrière les autres sur une même ligne ;

L'autre constitue l'appareil de direction : elle est formée par un rectangle en charpente, qui sert à supporter huit surfaces planes, dites *plans inclinés*, pouvant faire une révolution entière autour d'axes parallèlement posés sur ses grands côtés. Ce rectangle sert à supporter également une couple d'hélices et deux machines à vapeur pour les mettre en mouvement ; un mât simulant celui de beaupré est fixé au milieu de chacun de ses petits côtés.

L'appareil de direction est convenablement suspendu sous les

(1) *Cours complet de météorologie* de L.-F. Kaemtz, pages 27 et suivantes (édition de 1843).

trois ballons ; ceux-ci sont amarrés entre eux à environ un mètre l'un de l'autre et à l'appareil de direction par les cordages qui servent à la suspension, et par d'autres cordages partant du ballon antérieur et du ballon postérieur pour aller se fixer à chacun des deux mâts de beaupré, de telle façon que l'appareil de direction et l'appareil de suspension, ainsi reliés entre eux, ne forment plus qu'un tout qui constitue lui-même le navire aérien.

Dans l'océan aérien où il sera lancé, ce navire, ainsi constitué, sera soumis aux actions de quatre forces, dont trois inhérentes à sa constitution : la force ascensionnelle, la pesanteur et la vapeur considérée comme auxiliaire, et une extérieure, la résistance de l'air et de ses courants.

Eh bien, c'est à l'aide de ces actions convenablement combinées que M. Petin, s'appuyant sur les principes et les lois qui viennent d'être rappelés dans la première partie, espère se diriger.

En effet, d'après les règles, déduites de l'observation, qui régissent la marche d'une surface plane munie d'une force motrice agissant sur l'air, dont il a été question plus haut, on comprend que si, en ascensionnant, les surfaces planes de l'appareil de direction sont disposées et maintenues dans une position, formant avec la verticale qui est la direction de la force ascensionnelle, un certain angle, le navire montera en progressant obliquement.

Ce premier résultat sera produit par la combinaison des actions simultanées de la force ascensionnelle et de la résistance de l'air, ou plutôt de la décomposition de cette résistance sur les surfaces planes ou plans inclinés de l'appareil de direction.

Si, au contraire, le navire descensionne, en faisant le mot, car il n'existe pas encore, et que les surfaces de direction soient disposées et maintenues dans un certain angle avec la direction de la pesanteur, qui est encore la verticale, en vertu des mêmes règles, la descente aura lieu en progressant encore obliquement.

Ce second résultat sera l'effet de la combinaison des actions simultanées de la pesanteur et de la résistance de l'air sur les surfaces de direction.

Enfin, les machines à vapeur mises en mouvement, si les surfaces de direction sont disposées et maintenues dans de certains angles avec la direction de la force motrice obtenue par le mouvement des hélices se vissant dans l'air, le système entier montera ou descendra, sans déperdition de gaz, en progressant obliquement.

Ce troisième résultat sera produit par la combinaison des actions simultanées de la vapeur et de la résistance de l'air, sur les surfaces des hélices et sur celles des plans inclinés.

Dans les raisonnements qui précèdent, l'air est supposé calme et il n'est pas tenu compte de ses courants : en les faisant intervenir, que va-t-il se passer?

Si le courant est favorable, rien n'est plus simple. Il suffira d'y abandonner le navire en manœuvrant ses plans inclinés en parachute ou en paramonte, comme il sera indiqué tout à l'heure, de manière à le maintenir dans l'épaisseur de la couche favorable. Alors, il sera emporté vers sa destination avec des vitesses qui seront subordonneés à celles du vent et pourront atteindre, sans inconvénient, jusqu'à 80 kilomètres et plus à l'heure.

Si le courant devient trop fort ou défavorable, le navire descendra ou montera, en un mot changera à propos de hauteur, de la manière qui vient d'être indiquée, pour aller, d'après la loi des courants qui a été citée dans la première partie, naviguer dans des couches d'air calme ou favorable, inférieures ou supérieures.

On comprend bien d'ailleurs qu'on pourrait embarquer, à bord de l'appareil de direction d'un système de même nature, mais plus développé et mieux approprié, des machines d'une puissance telle qu'elles permettraient, malgré les calmes plats, de progresser avec une certaine vitesse et de remonter, en louvoyant au besoin, un vent fort, pour aller chercher une couche favorable.

Pour cela, il suffirait de combiner convenablement dans leur application les trois lois qui ont été rappelées plus haut dans la première partie, et par lesquelles sont régis : 1° les rapports de croissance entre les surfaces de révolution et leurs volumes; 2° la résistance que la marche de semblables surfaces éprouve dans l'air par rapport à leur développement; 3° la résistance de l'air par rapport à sa densité.

Par une certaine manœuvre des hélices et au moyen de voiles latérales, il sera possible d'obtenir sur l'ensemble du système l'effet du gouvernail et de faire avec la direction du vent certains angles ou de louvoyer.

Enfin, l'ascension ou la descension sera ralentie ou au besoin rendue presque insensible par un effet de paramonte ou de parachute obtenu à l'aide des surfaces de direction inclinées, la moitié dans un sens, l'autre moitié dans un autre, en forme de V pour le paramonte, et de la même lettre renversée Λ pour le parachute.

L'air trouvant d'ailleurs de vastes échappements dans les intervalles des plans inclinés entre eux, cet effet s'accomplira sans oscillations; il est, du reste, facile de comprendre qu'il s'appuie aussi sur les règles de la marche des plans inclinés, mus par une force agissant sur l'air; seulement, dans ce cas, le système étant sollicité par des forces égales, dans l'ascension comme dans la descension, à progresser dans deux sens opposés, et ces forces tendant à se faire équilibre, il montera ou descendra, suivant leur résultante, d'autant plus lentement que l'angle du V, que formeront entre eux les plans inclinés, sera plus ouvert.

Telle est, au point de vue mathématique, la très-simple histoire du navire aérien, — système Petin.

CONSIDÉRATIONS GÉNÉRALES.

Pénétré de la vérité des inductions scientifiques par lesquelles le raisonnement l'a amené à l'invention de son système, M. Petin s'est décidé à faire passer sa théorie dans la pratique, et il a fait construire l'appareil avec lequel il est à la veille de faire un premier essai de direction.

Dire les difficultés de toutes sortes, morales et matérielles, qu'il a fallu surmonter pour aborder sa construction, celles qui restent à surmonter encore pour l'approprier définitivement à l'expérience à laquelle il doit bientôt servir, et en dernier lieu pour l'installer dans l'emplacement où cette expérience aura lieu, serait beaucoup trop long et s'écarterait tout à fait du but de cette notice. Elles feraient comprendre cependant tout ce qu'il a fallu d'ardeur, de dévouement, de courageuse et infatigable persévérance, pour poursuivre l'application d'une telle œuvre.

Qu'il suffise donc de dire que, pour vaincre les difficultés matérielles qui entourent l'œuvre à laquelle il s'est dévoué tout entier, M. Petin a dû les tourner, non qu'il manquât des moyens pratiques et de l'intelligence nécessaires à leur agencement, mais bien des moyens financiers. Avec d'aussi faibles ressources que celles dont il pouvait disposer, il a dû, comme il le dit lui-même, diviser la matière pour la dominer.

Ainsi, ne pouvant construire une sphère ou un ellipsoïde en soie, de 70 à 80 mètres d'axe, dont l'enveloppe n'aurait plus alors présenté que la consistance d'une mince feuille de papier, par rapport aux pressions considérables auxquelles elle pourrait être soumise, tant intérieurement par l'expansion du gaz, qu'extérieurement par la résistance de l'air, en progressant par des vitesses accélérées, il a amarré entre eux trois ballons de 22 mètres de diamètre.

Ne pouvant emmagasiner dans ces trois ballons qu'une certaine puissance ascensionnelle, il est parvenu, par un très-curieux assemblage de bois de sapin n'ayant pas plus de 3 à 4 centimètres d'équarrissage, à donner à son appareil de direction, sans exclure une grande solidité, un poids très-léger comparativement à son énorme développement.

Et ainsi de suite de chaque difficulté.

Mais, dans cette lutte incessante, la victoire n'est restée aux mains de l'inventeur qu'aux dépens de la grandeur et de la vigueur de l'application de son œuvre qui pouvaient en assurer le succès immédiat.

Enfin, quoi qu'il arrive, il ne faut pas oublier que ce n'est là qu'une question d'argent qui ne saurait avoir sur l'application du système qu'une influence passagère, car il ne s'agit que de l'habillement de l'idée, elle seule doit être féconde, et si les principes sur lesquels elle s'appuie sont vrais, qu'importe son habillement, qu'importe qu'il soit trop grand ou trop court, on finira bien par l'ajuster à sa taille.

Au reste M. Petin s'est ménagé la possibilité de faire, dans ce sens, toutes les modifications nécessaires à l'appareil avec lequel il va faire sa première expérience.

Si l'aéronautique a ses partisans idolâtres, elle a aussi ses détracteurs systématiques, et d'ardentes controverses sont engagées à son sujet. Ce n'est point un mal, car du choc des idées naît la lumière. Mais partisans et détracteurs oublient trop souvent, dans l'ardeur de leurs convictions, que les raisonnements établis pour ou contre l'aéronautique ne sauraient être, les uns comme les autres, qu'hypothétiques; autrement ils useraient de plus de réserve et seraient moins absolus, ce qui ne serait point un mal non plus, surtout lorsque, de la part de ceux qui regardent l'aéronautique comme une chimère, il s'agit d'assertions qui peuvent apporter le trouble et le découragement dans l'esprit de ceux qui, animés au contraire du feu sacré, cherchent sérieusement et résolument à écarter les difficultés qui se sont opposées jusqu'ici au développement de cet art.

En fait, puisque la science, quant à la possibilité ou à l'impossibilité de la navigation aérienne, ne dit affirmativement ni oui ni non, l'expérience départagera sans doute encore une fois les dissidents. Loin d'en entraver les essais, il faut donc les encourager successivement.

Cependant, dans la masse d'objections qui tendent à prévenir défavorablement contre tout essai de ce genre, la plupart sont presque toujours données comme des vérités immuables; mais le plus souvent la nature elle-même se charge de faire voir leur inanité.

Ainsi, par exemple, parmi ces dernières objections, une des plus sérieuses, on peut dire même la plus sérieuse, car elle ne tendrait à rien moins qu'à ruiner l'avenir de l'aéronautique par son côté le plus précieux, est celle qui prétend nier la loi qui régit les courants atmosphériques.

Or, entre les tropiques, dans la région des alisés, des cendres de volcans, notamment celles du Cosiguina, dans l'Etat de Guatimala, le 25 février 1835, ont été lancées jusque dans la région du courant de l'alisé supérieur, et transportées par lui à de grandes distances dans le sens contraire à l'alisé régnant au niveau de la mer; ainsi les cendres du Cosiguina allèrent tomber dans les rues de Kingston, à la Jamaïque, situé au N. E. de Guatimala.

Mais, sans aller plus loin, tout Paris, depuis quelque temps, n'est-il pas témoin presque journellement des directions différentes que prennent le plus souvent les trois ballons de l'Hippodrome, du Champ-de-Mars et des Arènes, quoiqu'ascensionnant en même temps.

Maintenant, parmi les objections qui courent les rues, il en est une qui est encore fréquemment ramassée par des gens qui passent pour sérieux et présentée aussi comme ayant force de chose jugée.

On dit que tout navire aérien sera ou emporté ou culbuté par les grands vents auxquels il ne saurait résister. Oui, s'il ne changeait pas de hauteur dès que les vents deviennent trop forts ou défavorables, et si la loi qui régit les rapports de croissance entre les surfaces de révolution et leurs volumes, citée dans la première partie de cette notice, n'indiquait pas qu'il deviendra possible de donner aux navires aériens, de même qu'aux transatlantiques, la force de 400 à 500 chevaux vapeur, dans le cas où elle leur serait nécessaire pour exécuter de semblables manœuvres.

N'a-t-on pas dit aussi des steamers qu'ils ne surmonteraient pas les vagues de la mer, des bateaux à vapeur du Rhône qu'ils n'en remonteraient pas le courant rapide. — Car la marine a eu bien d'autres obstacles à vaincre que la navigation aérienne pour sortir de l'enfance.—Cependant, le temps et l'expérience ont fait justice de ces objections. Quoi qu'il en soit, le même vent qui déracine les arbres, renverse les cheminées, coule bas les vaisseaux, ne dérange seulement pas les plumes de l'hirondelle qui s'y abandonne, ne froisse même pas le duvet que le souffle d'un enfant vient à projeter dans son courant.

Cela se conçoit. Lorsque le vent, frappant sur une partie de la surface d'un corps, le pousse dans l'espace, il sollicite à la fois, par un effort continu et d'une intensité toujours uniformément augmentée, toutes les molécules de cette partie. Ce corps alors, libre de l'action sensible de toute autre force, s'opposant à celle du vent, et tenu d'ailleurs dans l'atmosphère à distance de tout obstacle, s'y avance sans aucune réaction par des vitesses qui peuvent atteindre une accélération considérable.

Le vent, trouvant au contraire dans les mâts ou dans la partie des vaisseaux qui s'élève au-dessus de l'eau, et dans la tige des arbres, l'action d'un levier puissant, soulève la masse d'eau ou de terre qui, en les fixant, leur fait présenter une résistance, et les culbute.

Il sera donc bien plus facile à un navire aérien qu'à un navire marin de fuir devant le vent, ou de s'en servir pour aller chercher un refuge dans d'autres couches d'air, lorsque la puissance de ses machines ne permettra pas de le surmonter, ou lorsque l'effort de traction, en opposition avec la résistance présentée par le courant d'air, tendra à briser le navire. L'océan aérien du moins, personne ne peut le contester, offrira au navire plus de liberté d'action que l'océan marin, et les mouvements des navires auront à se garer de moins d'obstacles dans le premier que dans le second.

Ces deux exemples d'objections, prises dans un ordre tout à

fait différent, et combattues par la nature et l'expérience, font suffisamment voir, ainsi qu'il a été dit plus haut, quelle réserve on doit avoir en semblable matière. Si l'annonce emphatique du succès est un défaut, le doute absolu en est un non moins grand.

De nombreuses expériences peuvent seules éclairer la question. Il faut les favoriser, et bientôt elles ne manqueront pas; car, dans les sciences comme dans l'industrie, lorsqu'une idée répond aux besoins d'une époque, elle se présente à l'esprit de plusieurs personnes à la fois, et se manifeste sous des formes variées.

Aussi, que ne deviendra pas, en peu de temps, il faut l'espérer, la navigation aérienne, si aucun obstacle ne vient fermer la voie que M. Petin va tenter d'ouvrir.

On peut essayer d'en donner une idée pour terminer, en faisant pressentir sur quelle échelle pratique, avec les moyens financiers nécessaires, il aborderait lui-même la solution de l'aéronautique pour l'amener immédiatement à sa véritable fonction, qui est, dit-il, de transporter les plus lourds fardeaux d'un point du globe à l'autre.

Passant des enveloppes textiles et flexibles aux enveloppes rigides et métalliques; décomposant l'eau presque instantanément par l'action d'une pile puisant une énorme puissance dans l'extrême divisibilité de ses éléments; il comprimerait l'hydrogène à sept, huit, dix atmosphères, par son seul dégagement, dans une série de tubes métalliques superposés, d'une forme cylindro-conique, de huit à dix mètres de rayon, sur cent mètres et plus de longueur.

Munis de moteurs convenables, ces immenses appareils, sous l'empire de cette force énorme, à la fois ascensionnelle et motrice, qui pourrait être entretenue ou renouvelée pendant leur marche même, bondiraient sur l'air, entraînant avec eux des populations entières.

Mais, livré à ses seules ressources, M. Petin a dû laisser de côté l'enfantement de ces prodiges. Animé d'un dévouement passionné, il s'est attaché à prouver d'abord, à ses risques et périls, le fait le plus contesté en aéronautique, la direction.

En procédant ainsi, il espère d'ailleurs, par une grande expérience favorablement accomplie, déterminer dans les masses un entraînement sous l'empire duquel l'aréonautique pourra prèndre tous ses développements.

Un tel dévouement à une œuvre digne, par ce qu'elle a d'humanitaire et de grandiose, de fixer l'attention des gouvernements eux-mêmes, honore déjà M. Petin et lui mérite certainement tous les encouragements.

Que n'a-t-il eu à sa disposition un ou deux des millions qui ont été dépensés par centaines de mille pour établir les quelques lieues de chemin de fer qui existent sur la surface du globe? au lieu d'être témoins de l'état stationnaire de l'aréonautique, nous aurions peut-être aujourd'hui dans l'atmosphère une voie toujours ouverte, dans toutes les directions, fussent-elles d'un antipode à l'autre, aux fardeaux les plus lourds, et cela sans aucuns frais de construction.

Enfin, il faut espérer que M. Petin prouvera, par l'expérience, qu'il a trouvé la solution du problème qu'il s'est posé, et que premier aéronaute, comme Joseph Montgolfier fut le premier aérostier, il entraînera l'humanité entière à la conquête de l'atmosphère.

Ce rôle suffira certainement à sa gloire.

VOLUMES ET DIAMÈTRES DE QUELQUES BALLONS,

d'après M. Francœur

(DICTIONNAIRE TECHNOLOGIQUE, TOME 1, PAGE 179).

DIAMÈTRES en mètres	VOLUMES en mètres cubes.	SURFACE en mètres carrés.	KILOGRAMMES que le gaz peut enlever.	POIDS de l'enveloppe en kilogrammes.	FORCE ascensionnelle et poids des agrès.	OBSERVATIONS.
1	0 52	3 14	0 62	0 78	0 16	Ne peut s'enlever.
2	4 19	12 57	5 03	3 14	1 89	En général, pour qu'un ballon puisse au moins être en équilibre, il faut que le poids que le gaz peut enlever soit égal au poids de l'enveloppe ; ainsi dans le cas ci-dessus, il faudrait que 0,62 fût le poids de l'enveloppe au lieu de 0,78. D'où $\frac{0,62}{3,14}$=0,2 kilogr. donne le poids du mètre carré de l'enveloppe pour qu'elle satisfasse à la condition d'équilibre.
4	33 51	50 27	40 21	12 57	27 65	
6	113 10	113 10	135 72	28 27	107 44	
7	179 59	153 94	215 51	38 48	177 03	
8	268 08	201 06	321 70	52 01	269 69	
9	381 70	254 47	458 04	63 62	394 42	
10	523 60	314 16	622 32	78 54	549 78	
11	696 91	380 13	836 29	95 03	781 26	
12	904 78	452 39	1,085 76	113 10	972 84	
13	1,150 35	530 93	1,380 42	132 73	1,247 69	
20	4,190	1,256	5,030	1,130	3,900	D'après la Table de la deuxième condition et en supposant le mètre carré d'étoffe pesant 0,9 kil. au lieu de 0,25 kil. comme ci-dessus.
200	4,190,000	125,600	5,030,000	113,000	4,917,000	

PARIS, IMPRIMERIE DE PAUL DUPONT.

www.ingramcontent.com/pod-product-compliance
Lightning Source LLC
LaVergne TN
LVHW052032160826
845678LV00003B/1304

* 9 7 8 2 3 2 9 6 3 0 4 3 4 *